AF568508

Bibliografische Information der Deutschen Nationalbibliothek
Die Deutsche Nationalbibliothek verzeichnet diese Publikation in der Deutschen Nationalbibliografie; detaillierte bibliografische Daten sind im Internet über http://dnb.d-nb.de abrufbar.

Das Gesamtprogramm
von Butzon & Bercker
finden Sie im Internet
unter www.bube.de

ISBN 978-3-7666-3555-6

Umschlaggestaltung: Tanja Manden, Kevelaer
Layout, Gestaltung und Satz: serfling.media, Leipzig

Stephan Sigg

GARTEN Impulse

KLEINE AUSZEITEN

Butzon & Bercker

INHALT

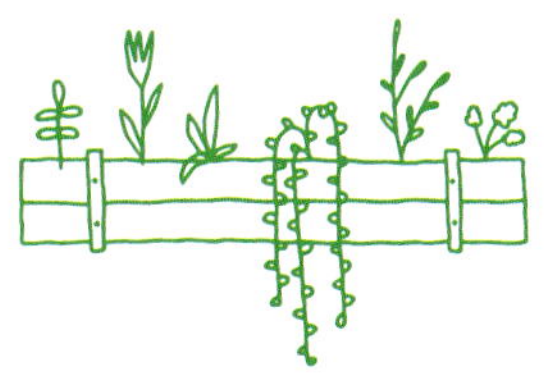

IM GARTEN KRAFT TANKEN

An einer Rose riechen, Schmetterlinge beobachten, barfuß über das weiche Gras spazieren ... Gibt es etwas Schöneres, als Zeit im Garten, auf dem Balkon oder in einem Park zu verbringen? Mit Auszeiten im Grünen werden Sie gleich mehrfach belohnt. Egal, ob Sie sich als Gärtnerin oder Gärtner betätigen oder einfach nur die grüne Idylle auf sich wirken lassen, Sie betreten eine andere Welt: Der Stress des Alltags, die bedrückenden Sorgen, der Lärm – alles ist auf einmal weit weg. Die Blumen, Sträucher, Bäume und Kräuter laden Sie ein, Kraft zu tanken, zur Ruhe zu kommen und sich selbst wieder neu zu spüren.

Der Garten ist auch eine große Quelle der Inspiration. In diesem Buch finden Sie 44 Garten-Impulse.

SIE LADEN DAZU EIN,
DIE GÄRTEN NEU ZU ENTDECKEN,
GANZ GENAU HINZUSCHAUEN UND DEM KRAFTORT GARTEN
MIT ALLEN SINNEN AUF DIE SPUR ZU KOMMEN.

Denn je mehr man sich mit seiner grünen Umgebung beschäftigt, umso mehr merkt man, wie viele Wunder sie für uns bereithält. Ich wünsche Ihnen viele erholsame Momente im Grünen. Und wenn Sie keinen eigenen Garten haben: Kleine Erholungspausen in der grünen Idylle sind auch in Gedanken möglich. Auch so können Sie zur Ruhe kommen und die Schöpfung genießen.

Stephan Sigg

SO KÖNNEN SIE SICH VON DIESEM BUCH INSPIRIEREN LASSEN

- Sie können die Impulse der Reihe nach lesen, Sie können das Buch aber auch spontan an einer Stelle aufschlagen und sich von diesem „zufälligen“ Beispiel inspirieren lassen.

- Blättern Sie das Buch durch und wählen Sie eine Pflanze aus, die Sie spontan an diesem Tag anspricht. Lesen Sie den Text und halten Sie anschließend nach dieser Pflanze bewusst Ausschau, um sie genau zu betrachten.

- Gönnen Sie sich mit diesem Buch täglich eine Pause in Ihrem Garten, auf Ihrer Terrasse oder in einem Park und lesen Sie jeweils einen Impuls. So wird das Buch für mehrere Wochen zu Ihrem Begleiter und Sie können über einen längeren Zeitraum ganz aufmerksam miterleben, wie sich die Natur in dieser Zeit verändert.

- Lassen Sie sich von den Impulsen für Ihre Garten- und Balkonprojekte inspirieren: Welche Pflanze fehlt noch in Ihrem Garten? Die Botschaft welcher Blume, welcher Frucht oder welchen Gemüses berührt Sie besonders? Pflanzen Sie diese Pflanze bei sich an und lassen Sie die Botschaft konkret werden.

- Sie können auch einfach einen Spaziergang durch einen Park oder Ihren Garten unternehmen und bei einer Pflanze stehen bleiben, die Sie spontan anspricht. Blättern Sie im Buch und finden Sie den Impuls dazu.

- Lesen Sie als Einstieg in die Gartenarbeit einen Text und tanken Sie „spirituelle Power" für Ihren Vormittag oder Nachmittag im Garten.

- Legen Sie das Buch auf Ihren Nachttisch: Starten Sie mit ihm in den Tag – oder schließen Sie mit ihm den Tag ab. Vielleicht sorgt der Text für Träume von wunderschönen Gärten und Parkanlagen ...

GARTEN-Impulse

ZITRONENBAUM

ICH BIN BEHÜTET

Die Vögel sind schon vor ein paar Tagen aus dem Süden zurückgekehrt. Überall sprießt es aus der Erde. Am Morgen wird es wieder früher hell. Die wärmeren Tage stehen bald vor der Tür. Doch mein kleiner Zitronenbaum wartet noch in meinem Haus. Ich gehe auf Nummer sicher, er ist mir einfach wichtig. Die Nächte sind noch zu kalt für ihn. Hier drinnen habe ich ihn gut durch den Winter gebracht. Ich freue mich darauf, ihn rauszustellen, als wäre es ein gemeinsames Projekt von uns beiden. Während ich meinen Zitronenbaum betrachte, denke ich an alle, die es mit mir gut meinen, auf mich aufpassen, mich schützen und vor der Kälte der Welt bewahren.

WAS WÄRE ICH
OHNE GOTT UND
DIESE MENSCHEN?

WEM GEBE ICH Wärme?

WEM GEBE ICH Schutz
VOR DEN STÜRMEN
UND DER KÄLTE?

VIELLEICHT IST DAS KOMPLIMENT
DER ANFANG EINES GESPRÄCHS,
EINER BEGEGNUNG,
eines neuen Miteinanders …

ROSEN

KOMPLIMENTE TUN GUT

Gestern ist meine Nachbarin kurz am Zaun stehen geblieben: „Ich wollte dir schon immer mal sagen, wie schön ich deine Rosen finde." Das Kompliment hat mich so gefreut, dass ich sie gleich auf ein Glas Eistee eingeladen habe. Wir haben es uns auf der alten Bank gemütlich gemacht und Gartentipps ausgetauscht. Lachend haben wir viele Gemeinsamkeiten festgestellt. Die Zeit ist wie im Flug vergangen. Warum haben wir nicht früher den Kontakt zueinander gefunden? Dabei wohnen wir so nah. Wir haben uns immer nur kurz gegrüßt, keiner hatte den Mut, ein Gespräch zu beginnen. Mir sind die vielen Gärten eingefallen, an denen ich beim Spazieren oder auf dem Weg zur Arbeit vorbeikomme. Da gibt es einige, die ich immer wieder gerne anschaue.

DOCH WIE OFT
HABE ICH DER GÄRTNERIN,
DEM GÄRTNER
EIN KOMPLIMENT GEMACHT?

Bestimmt freuen sich andere genauso wie ich und spüren gleich noch viel mehr Motivation für die Arbeit im Garten.

PRIMELN

NICHT ZU TIEF STAPELN

Meine Nachbarin wollte es in diesem Jahr wissen: Aus ihrer unscheinbaren Grünfläche, die hauptsächlich aus einem Rasen und ein paar Sträuchern bestand, sollte innerhalb weniger Wochen ein phänomenales Gartenparadies werden. „Warum nicht Schritt für Schritt? Warum beginnst du nicht mit etwas Einfachem?", fragte ich sie. Doch sie war taub für meine Tipps und Empfehlungen. Sie kaufte diverse Setzlinge, Samen und Zwiebeln – sogar eine Palme war dabei. Voller Elan machte sie sich an die Arbeit. Es kam, wie es kommen musste: Statt Blütenpracht und Blätterrauschen machten sich in ihrem Garten Schnecken und Dürre breit. Die einen hatten zu viel, die anderen zu wenig Wasser bekommen. Die einen Pflanzen konnten nicht mit den anderen und manche waren für die pralle Sonne oder den Schatten gar nicht geeignet. Sie suchte Hilfe bei einem Gärtner. Der empfahl ihr, im nächsten Frühling mit Primeln zu beginnen – die seien pflegeleicht und anspruchslos, ideal für jemanden, der noch kaum Erfahrung hat.

WARUM IST DAS NICHT GERECHTER VERTEILT: MANCHE STROTZEN VOR SELBSTBEWUSSTSEIN UND SIND ÜBERZEUGT, JEDE HERAUSFORDERUNG PERFEKT MEISTERN ZU KÖNNEN. ANDERE HINGEGEN STAPELN IMMER ZU TIEF, TRAUEN SICH ZU WENIG ZU UND HALTEN IHRE TALENTE FÜR ALLTÄGLICH.

Ich betrachte meinen Garten. Eigentlich sollte ich mir öfter auf die Schulter klopfen: Gut gemacht, du kannst stolz sein auf das, was du hier geschafft hast. Das, was ich leiste, ist nicht selbstverständlich, ich darf stolz sein auf meinen grünen Daumen.

SÄEN

DER ANFANG VON ETWAS NEUEM

Das Säen ist immer ein bisschen mit Herzklopfen verbunden. Es fühlt sich jedes Mal an wie der Beginn von etwas Neuem.

**WENN ICH SÄE,
KÜMMERE ICH MICH UM UNSERE WELT.**

Ich leiste einen kleinen Beitrag für den Schutz der Natur, des Klimas. Ich mache die Umgebung ein bisschen grüner und damit ein bisschen lebenswerter. Von meiner Arbeit profitiere nicht nur ich, sondern alle Menschen in meiner Umgebung. Auch mit jahrelanger Erfahrung weiß ich nicht, wie die Samen aufgehen, ob tatsächlich etwas entsteht. Ich kann alles richtig machen, sie genügend gießen. Doch ob es tatsächlich klappt, hängt von so vielen Faktoren ab, die nicht in meiner Hand liegen. Ich nehme es gelassen: Es kommt, wie es kommt. Diese Gelassenheit versuche ich mir als Grundhaltung anzueignen: Die Freundschaft, die Beziehung, die neue Arbeitsstelle, mein neues ehrenamtliches Engagement … ich setze mich ein, ich engagiere mich und bin zuversichtlich, dass etwas Schönes, etwas Großes daraus entsteht.

ICH MUSS MICH NICHT
UNTER Druck SETZEN,
WIE SICH DIE DINGE ENTWICKELN.

ICH KANN NUR
mein Möglichstes TUN,
ES LIEGT NICHT ALLES
IN MEINER HAND.

WO MAN liebe AUSSÄT,
DA WÄCHST freude EMPOR.
WILLIAM SHAKESPEARE

Clematis

JEDER SOMMER IST EINZIGARTIG

Was ist mit meiner Clematis los? Im letzten Jahr war sie viel vitaler und blühfreudiger. Voller Tatendrang hat sie sich nach oben geräkelt. Dabei ist das Wetter dieses Mal viel besser: mehr Regen- und auch mehr schöne Sommertage. Und ich gieße auch regelmäßig. Meine Arbeitskollegin versteht mein Problem nicht: „Sieht doch toll aus!" Ja, sie hat auch keinen Vergleich zum letzten Jahr. „Du kannst doch nichts dafür", sagt sie, „manchmal wächst es schnell, manchmal langsam. Das hängt von so vielen Faktoren ab. Vielleicht holt sie im Spätsommer auf." Warum dieses ständige Vergleichen – die Figur, die Frisur, die Leistungen in Beruf und Sport, die Freundschaft, das Hotel, das Wetter, die Welt ... Und je älter ich werde, umso mehr Vergleiche kann ich ziehen, umso mehr habe ich erlebt. Unzufriedenheit wird zum Dauerzustand. Wer vergleicht, findet immer wieder etwas, das besser, witziger, edler, spannender, überzeugender war. Mal angenommen, wir würden alle das Vergleichen verlernen. Alles, was wir erleben und tun, steht ganz für sich.

WAS KÖNNTEN WIR UNS AUF EINMAL UNEINGESCHRÄNKT FREUEN UND WÄREN BEGEISTERT, WEIL ES EINFACH IST, WIE ES IST?

Insekten

Ein Ort der Gastfreundschaft

Heute herrscht wieder ein reges Kommen und Gehen: So viele Bienen, Hummeln und Schmetterlinge besuchen meinen Garten. Sie kündigen sich nicht an, sie nehmen auch nicht Rücksicht auf die Uhrzeit oder den Tag – sie kommen nach Lust und Laune. Manche schauen nur kurz vorbei und fliegen gleich weiter, manche nehmen sich mehr Zeit, erkunden jede Ecke oder entscheiden sich sogar für einen längeren Aufenthalt. Von den Leckerbissen scheinen sie gar nicht genug zu bekommen. Und manchen Besuchern scheint es hier so gut zu gefallen, dass sie immer wieder zurückkehren. Natürlich freue ich mich über diesen Besuch. Diese Gäste machen meinen Garten lebendig.

EIN GARTEN IST EIN ORT DER GASTFREUNDSCHAFT – INSEKTEN UND ANDERE TIERE FINDEN HIER NAHRUNG.

Sie können sich hier einrichten oder einfach nur auf ihrer Reise eine Pause einlegen.

Wie offen ist mein Garten für Gäste? Ist Besuch nur auf Voranmeldung erlaubt, damit ich genügend Zeit habe, mich entsprechend vorzubereiten? Oder wissen meine Nachbarn und Freunde: „Herzlich willkommen, mein Garten steht jederzeit offen"? Dürfen sie sogar in meinen Garten, wenn ich nicht da bin? Wann habe ich meine letzte Gartenparty gefeiert? Höchste Zeit, wieder mal den Garten voller Gäste zu haben und ihn gemeinsam mit anderen bei einem kühlen Glas Wein zu genießen!

TAGLILIEN

EIN KURZER AUFTRITT

Der Auftritt der Taglilie dauert nur ein paar Stunden, schon am nächsten Tag ist sie verblüht. Warum erfreut sie uns nicht ein paar Tage länger oder sogar den ganzen Sommer? In ihren kostbaren Blüten steckt eine deutliche Botschaft: „Lass alles stehen und liegen. Nimm dir jetzt Zeit für mich." Wenn ich nicht den Moment genieße, ganz im Jetzt lebe, verpasse ich das, was wirklich wichtig ist. Ich will mir abgewöhnen, mich ständig über Momente zu ärgern, die nicht gut gelaufen sind.

WAS VORBEI IST, IST VORBEI
UND WAS morgen KOMMT,
DAFÜR HABE ICH
MORGEN NOCH ZEIT.

ICH WILL MICH AUF DEN MOMENT EINLASSEN, OHNE GEDANKEN, DASS ES GLEICH SCHON WIEDER VORÜBER IST.

Ich greife auch nicht nach meinem Handy. Da kann ich noch so ein schönes Foto machen, die ganze Pracht fängt es doch nicht ein. Viel größer ist der Genuss, wenn ich mir das Bild in allen Details einpräge. Diese Momente sind Material für meine „Wintervorräte" – ich kann an dunklen Tagen mich daran erinnern und von ihnen zehren. Mal angenommen, die Taglilie würde das ganze Jahr blühen – wären wir dann immer noch so beeindruckt von ihr? Würde man sie dann immer noch so schätzen? Vielleicht ist es gerade ihr Kurzauftritt, der sie so exklusiv und kostbar macht.

PETERSILIE

DAS GUTE LIEGT SO NAH

Mein Alleskönner hat mir schon viele Speisen gerettet: Ein bisschen Petersilie beigemischt – und schon hat der Salat oder die Pasta-Sauce ein gewisses Etwas. Ich brauche kein Himalaya-Salz und keinen Pfeffer aus Afrika, die mit dem Schiff oder Flugzeug um die halbe Welt transportiert wurden. Damit schone ich nicht nur die Schöpfung, sondern auch meine Geldbörse.

DAS GUTE LIEGT SO NAH.

Das stelle ich auch sonst immer häufiger fest: Warum sich in ein Flugzeug setzen und um die halbe Welt fliegen, als ob nur in ganz entfernten Gefilden neue Würze für unseren Alltag zu finden wäre? Kaum ist man zurück, ist der Erholungseffekt meist innerhalb von Tagen verpufft. Ich mache mich in meiner Nachbarschaft auf die Suche nach Würze. Und entdecke da oft Kraft- und Inspirationsquellen, von denen ich das ganze Jahr zehren kann: der Plausch mit der Nachbarin, der Bach vor dem Dorf, die Buchhandlung am Marktplatz, die Ingwer-Power-Limonade im Café am Marktplatz ...

Mehr Gartenträumereien

In der Straßenbahn auf dem Weg zur Arbeit belausche ich zwei Frauen. Sie unterhalten sich über ihre Balkonpflanzen und klingen dabei glücklich. Voller Stolz erzählen sie von Farben, Düften und Wundern, die sich dort entfalten. Ich schließe die Augen und stelle mir alles genau vor. Und auf einmal bin ich gar nicht mehr in der voll besetzten Straßenbahn. Die Hektik des Alltags – plötzlich weit weg. Ich bin in Gedanken in meinem Garten: Wie möchte ich ihn bepflanzen? Welche Blumen dürfen auf keinen Fall fehlen?

An den Garten denken ist so etwas wie ein Fluchtort, es aktiviert das innere Kino.

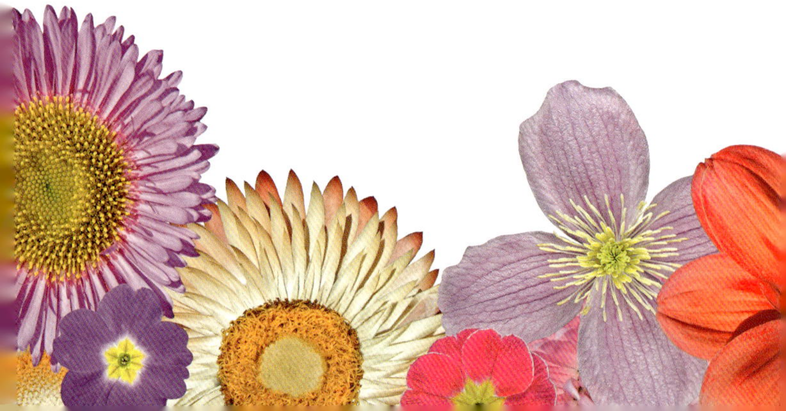

Im Grünen sein oder arbeiten, das beruhigt. Allein der Gedanke daran tut gut. Diese Erfahrung mache ich auch, wenn ich in der Bibel die Erzählungen über das Paradies lese. Warum visualisieren wir nicht öfter Bilder von unseren Traumgärten oder sprechen mit anderen darüber? Wir wissen so viel voneinander. Wir diskutieren die Katastrophenmeldungen, Nöte, den Klatsch und Tratsch. So viel Banales, so viel Belastendes. Doch was weiß ich über die Gartenträume meiner besten Freundin? Mit solchen Gesprächen könnten wir uns gegenseitig positiv inspirieren und stärken. Heute werde ich bei der Arbeit in jeder Pause kurz die Augen schließen und an meinen Garten denken. Wer einen idyllischen Garten hat, zu dem er in Gedanken fliehen kann, dem kann vieles nichts mehr anhaben. Vor lauter Gartenträumereien verpasse ich fast meine Haltestelle. Aber ich habe jetzt schon eine Idee, welche Frage ich meinen Kollegen in der Kaffeepause stellen werde.

BLÜTENPRACHT
BRINGT LEBENSFREUDE.

Mangold

BEWÄHRTES SETZT SICH DURCH

Warum hat man dich so lange verschmäht? Heute gibt es kaum eine Gourmet-Küche, die Mangold nicht zu irgendwelchen raffinierten Gerichten verarbeitet. Der „Spargel der Armen" ist wieder Kult. Solche Trends bringen mich manchmal zum Schmunzeln: Warum ist etwas in und dann wieder out? Wer bestimmt das? Ist es nicht immer genau gleich gut? Auf den Mangold trifft das ohne Zweifel zu. Natürlich ist es sinnvoll und wichtig, sich weiterzuentwickeln, mit der Zeit zu gehen, Ballast abzuwerfen und Neues auszuprobieren. Aber junge Menschen zeigen uns, dass gerade Dinge, die schon viele Jahre auf dem Buckel haben oder vermeintlich in eine andere Zeit gehören, oft plötzlich erst recht hip sind. So vieles erlebt heute wieder ein Comeback: die Vinylschallplatten, Rollschuhe ... „Das hat eben doch etwas, das all das Neue nicht kann", wird heute vielen bewusst.

MANCHMAL IST ES AUCH DIE NOSTALGIE, DIE UNS WIEDER ZU VERGANGENEM GREIFEN UND DIE ERINNERUNG NEU AUFLEBEN LÄSST. HOFFENTLICH ÖFFNET DER MANGOLD VIELEN DIE AUGEN.

NUR WEIL ETWAS alt IST,
IST ES NICHT SCHNEE VON GESTERN.

IM GEGENTEIL:

ALTES ZEICHNET SICH OFT VIEL MEHR AUS
UND HAT EINE BEWÄHRTE QUALITÄT.

Rosa Johannisbeeren

DIE LEISEN TÖNE ZÄHLEN

Wenn rosa Johannisbeeren denken könnten, welche Gedanken würden ihnen über ihre roten und schwarzen Johannisbeeren-Verwandten durch den Kopf gehen? „Gegen ihre knalligen Farben habe ich keine Chance" oder „Ich bin völlig unscheinbar neben denen"? Oder wären sie auch einfach stolz auf ihr zartes, dezentes Erscheinungsbild, auf die vornehme Blässe? Ist das nicht viel angenehmer als die lauten Töne? Jeder hat das im Alltag schon zur Genüge mitbekommen: Selbstdarsteller, die ständig den Ton angeben, die lauthals ihre Geschichten präsentieren müssen und ständig sich selber in den Mittelpunkt stellen, von denen hat man schnell genug.

MAN WÜNSCHT SICH MEHR MENSCHEN MIT DEN LEISEN TÖNEN. MENSCHEN, DENEN AUCH DIE STILLE NICHT FREMD IST. MENSCHEN, DIE SICH GANZ DIFFERENZIERT UND SORGFÄLTIG ZU THEMEN ÄUSSERN – ICH WÜRDE GERN MEHR VON IHNEN KENNEN!

Gerade deshalb liegen mir die rosa Johannisbeeren besonders am Herzen.

Funkien

Das Potenzial der Schattenplätze

Aufmerksamkeit ist die Währung der Stunde. Nicht nur Influencer auf YouTube und Instagram buhlen ständig um Aufmerksamkeit. Irgendwie kommt es einem so vor, als würde man, egal wohin man geht, von allen Seiten mit Aufmerksamkeitsappellen beschallt. Im Kampf um Aufmerksamkeit gibt es nur eine Bewegung: noch lauter, noch greller, noch schriller. Jeder will im Mittelpunkt stehen. Nicht die volle Aufmerksamkeit zu bekommen, wird gleichgesetzt mit nicht beachtet werden oder unbedeutend sein.

In meinem Garten gibt es nicht nur Sonnenplätze. Die Funkie muss sich mit einer schattigen Ecke zufriedengeben. Doch gerade an diesem Ort zeigt sie: Auch auf dem zweiten Platz kann man sich wohlfühlen. Hier hat sie Ruhe, um sich zu entfalten. Sie kämpft nicht um einen begehrten Platz an der Sonne, sie hat das Potenzial des Schattens erkannt.

MANCHMAL BIETET DER ZWEITE PLATZ
VIEL MEHR CHANCEN ALS DER ERSTE. HIER MUSS MAN
ES NICHT STÄNDIG JEDEM RECHT MACHEN.

Hier tritt man sich nicht gegenseitig auf die Füße. Man kann einfach sein, wie man ist, und entspannt aus sicherer Entfernung beobachten, wie die anderen auf den Sonnenplätzen versuchen, sich gegenseitig auszubooten, und dabei vor lauter Gedränge einander die Laune verderben.

ENTSPANNEN

ZEIT FÜR MICH

Gartenarbeit entspannt: Es tut gut, in der Erde zu graben, zu hacken, Zweige abzuknipsen, Unkraut zu jäten. Doch wer sich um seinen Balkon, seine Terrasse oder seinen Garten kümmert, dem geht die Arbeit nie aus: Immer wieder taucht irgendwo ein Unkraut auf. Wer sich ganz hohe Ziele setzt und nach dem perfekten Garten strebt, fühlt sich schnell wie im Hamsterrad. Dabei wäre gerade der Garten eine Einladung, aus diesem Hamsterrad auszubrechen und es lockerer zu nehmen. Der bequeme Liegestuhl, die Hängematte, die Sitzkissen in der Wiese – sie laden mich ein. Doch wie oft mache ich es mir dort gemütlich? Kaum will ich mich hinsetzen, fällt mir wieder etwas ein oder jemand will etwas von mir. Natürlich ist alles dringend. Fleißig und hilfsbereit stehe ich zur Verfügung, die verschiedenen To-do-Listen von mir und meinen Mitmenschen abzuarbeiten. Und wenn dann endlich mal Zeit für ein paar entspannte Augenblicke ist, regnet es.

In diesem Sommer setze ich die Prioritäten anders. Ganz oben steht mein wichtigstes To-do:

AUSZEITEN FÜR MICH IN MEINEM GARTEN – HINSETZEN, FÜßE HOCHLEGEN, EINEN KÜHLEN DRINK GENIEßEN, LESEN, TRÄUMEN, EINFACH NICHTS TUN.

Anstatt an das Unerledigte zu denken, bin ich in Gedanken bei allem, was ich alles geschafft habe. Ich mache meinen Garten zum „Zeit für mich“-Ort. Hier hat Stress nichts zu suchen. Das Unkraut läuft mir nicht davon, es war so viel los in letzter Zeit. Die Auszeit in meinem Garten habe ich mir verdient.

JEDE STUNDE IM GARTEN
IST EIN Kurzurlaub
FÜR ALLE SINNE.

IST ES MANCHMAL NICHT EINFACHER,
SICH DER Veränderung ZU STELLEN,
ANSTATT MIT ALLER KRAFT
AM BISHERIGEN FESTZUHALTEN?

Hortensien

Veränderung als Chance

Wer Hortensien im Garten hat, dem haben die Dürresommer der letzten Jahre zu schaffen gemacht: Die Ziersträucher mit ihren prachtvollen Blüten können Trockenheit nicht ausstehen. Viele Hortensiensorten sind das Ergebnis von langen Züchtungen. Sie sehen deshalb besonders schön aus, sind aber auch sehr empfindlich. Klimaexpertinnen und -experten prognostizieren für die Zukunft immer häufiger trockene und heiße Sommer. In wie vielen Gärten werden in zehn Jahren noch Hortensien zu sehen sein? Natürlich lässt sich durch intensives Gießen die Trockenheit ausgleichen – sofern genügend Wasser vorhanden ist. Doch es gibt Alternativen zu Hortensien. Genauso gibt es Alternativen in anderen Lebensbereichen. Mit vielen kleinen Maßnahmen können wir ein Zeichen gegen den Klimawandel setzen und etwas für die Schöpfung tun. Warum stürzen sich manche so wagemutig und neugierig in Veränderungen und haben Lust daran, Neues auszuprobieren, während anderen schon die kleinste Veränderung zu schaffen macht?

ICH WILL MIR EINE SCHEIBE VOM MUT DIESER VERÄNDERUNGS-EXPERIMENTIERER ABSCHNEIDEN.

Tannen

Fest verwurzelt

An einem heißen Sommertag stehe ich im kühlen Schatten der großen Tanne. Es ist lange her, dass wir sie eingepflanzt haben. Wir waren ganz neu an diesem Ort, neues Haus, neue Grünfläche. Sie war ein Weihnachtsbaum im Topf. Ganz klein und unscheinbar stand sie im Wohnzimmer. Jeder Ast voller Weihnachtsschmuck. Ein paar Wochen später haben wir sie im Garten eingepflanzt. Wie viele Jahre ist das jetzt her? Gerade deshalb wächst mir der Garten immer mehr ans Herz: Er ist voller lebendiger Erinnerungen an vergangene Zeiten. Ich denke an all die Sommer, sehe wieder vor mir, hinter welchen Sträuchern wir uns versteckt haben, wo wir Beeren gepflückt und genascht haben.

Aus dem Bäumchen ist eine große Tanne geworden. Sie überragt uns um mehrere Meter. Wie tief sich wohl die Wurzeln eingegraben haben? Wie viele Träume und Pläne wir damals hatten! Manche haben sich erfüllt, manche sind im Sand verlaufen. Doch wir sind immer noch hier. In all den Jahren ist uns dieser Ort zur Heimat geworden. Wir sind verwurzelt.

HEUTE WIRFT UNS NICHTS MEHR SO SCHNELL UM.
SOLLTE ICH ES ZWISCHENDURCH VERGESSEN,
STELLE ICH MICH NEBEN DIE TANNE:
WIR SIND GEMEINSAM GEWACHSEN,
WIR HABEN SICHEREN HALT UND KÖNNEN
SELBST DEN GRÖẞTEN STÜRMEN TROTZEN.

Trockenheit

Erfrischungen in meinem Alltag

Auch wenn ich regelmäßig gieße, bin ich chancenlos. An diesen heißen Sommertagen sind die Beete abends wie ausgetrocknet. Wenn ich mit der Gießkanne auftauche, saugt die Erde das Wasser auf, als hätte sie seit Wochen kein Wasser gesehen. Ohne Wasser kein Leben. Wenn es um einen selber geht, fehlt oft die Achtsamkeit für das eigene Erfrischungsbedürfnis. So schnell geht vergessen, dass auch wir regelmäßig lebenspendende Energie brauchen: ein Konzert mit beglückender Musik, ein Film, bei dem ich herzhaft lachen kann, ein Nachmittag ganz allein für mich, ein Ausflug mit dem Fahrrad an einen See, an dem ich noch nie gewesen bin … Gerade in Zeiten, in denen wie der ausbleibende Regen auch die „Erfrischungen" von außen auf sich warten lassen, bin ich gefordert, mich selbst immer wieder an das Bedürfnis nach Erfrischung zu erinnern und mich um meine Bedürfnisse zu kümmern

OFT BRAUCHT ES GAR NICHT VIEL,
UM AUS DER ROUTINE DES ALLTAGS AUSZUBRECHEN
UND MIT EINER ERFRISCHUNG NEUEN SCHWUNG
ZU BEKOMMEN.

WAS TUE ICH GEGEN
„Trockenheit" IN
MEINEM LEBEN?
WO HOLE ICH
MEINE „Erfrischung"?

BEKOMME ICH MIT,
WIE SICH ALLES verändert,

ODER NUR, WENN DIE
GANZ GROßEN SCHRITTE
PASSIEREN?

BEOBACHTEN

DIE TÄGLICHEN KLEINEN VERÄNDERUNGEN

Jeden Morgen, noch vor dem ersten Kaffee, führt mich mein Weg auf meine Terrasse: Wie haben sich meine Blumen entwickelt? Ist die Schlingpflanze wieder ein Stückchen gewachsen? Welche Blüten haben sich geöffnet? Egal, was mich erwartet, es ist nicht mehr ganz genau gleich wie gestern. Und wenn ich mal keine Veränderungen entdecke, muss ich mir einfach etwas mehr Zeit nehmen. Mein Garten ist mein Trainingscenter:

WENN ICH MITBEKOMMEN WILL, WIE ER SICH TAG FÜR TAG VERÄNDERT, MUSS ICH GANZ GENAU HINSCHAUEN.

Ich fasse mir ein Herz, auch im Alltag aufmerksamer zu sein: Könnte ich die Gesichter meiner Lieblingsmenschen beschreiben? Wann habe ich das letzte Mal bei einem Gespräch ganz bewusst auf ihre Mimik und Gestik geachtet – anstatt beim Zuhören die Leute am Nebentisch zu mustern? Könnte ich spontan eine Zeichnung von meinem Arbeitsweg machen – hätte ich genügend Details im Kopf? Wenn ich bewusster beobachte, verpasse ich auch die kleinen Veränderungen nicht.

HERR, GROßARTIG IST ALLES,
WAS DU GESCHAFFEN HAST!
PSALM 139,14

Schnittlauch

MEHR RAUM FÜR MICH

In meinem Kräuterbeet hat der Schnittlauch die Kontrolle übernommen: Er explodiert beinahe und verdrängt die Pfefferminze und das Basilikum immer mehr. Irgendwie tun mir die beiden leid. Ich weiß aus eigener Erfahrung, wie erdrückend es sein kann, wenn Dinge oder Menschen zu viel Platz für sich beanspruchen: Meine Freundin, die mich immer als Müllhalde für ihre Sorgen und ihren Ärger benutzt. Der Formularkrieg mit den Steuerunterlagen – jedes Jahr von Neuem. Die Verwandten mit ihren Ansprüchen und Bedürfnissen. Könnte ich doch mit alldem auch einfach kurzen Prozess machen wie in meinem Kräuterbeet – ein paar Schnitte und schon ist das Problem weg. Da braucht es im richtigen Leben schon mehr Fingerspitzengefühl und Mut.

PLATZHIRSCHEN EINFACH DAS FELD ZU ÜBERLASSEN UND IHNEN ZU ERMÖGLICHEN, SICH AUSZUBREITEN, MAG KURZFRISTIG DER EINFACHERE WEG SEIN. DOCH LANGFRISTIG WIRKT SICH DAS AUF MICH VERHEEREND AUS.

Wenn ich langfristig einfach nur zuschaue, ohne etwas zu unternehmen, geht es ans Eingemachte. Irgendwann ist da kein Lebensraum mehr für mich, irgendwann werden meine Wurzeln in Mitleidenschaft gezogen, irgendwann gehe ich ein oder muss fliehen. Ich muss meinen Schnittlauch in die Schranken weisen. Es gibt nicht nur ihn. Da gibt es auch noch andere mit ihren Ansprüchen.

LILIEN

DIE KRAFT DER LIEBE

In der Bibel wird im Hohen Lied der Liebe die Geliebte mit einer Lilie verglichen – offensichtlich das stärkste Bild, um überragende Schönheit zu beschreiben. An einer anderen Stelle der Bibel wird die Lilie wegen ihrer Reinheit und Schönheit gerühmt. Wer erinnert sich nicht gerne an die Jugend und die erste große Liebe: Was haben wir uns hineingestürzt ohne kleinste Unsicherheit, unser Herz verschenkt und das Vertrauen gleich mit dazu? Ohne Wenn und Aber und auch ohne leiseste Ahnung, welche Gefahren drohen könnten. Verletzungen, Enttäuschungen und negative Erfahrungen lassen einen mit zunehmendem Alter vorsichtiger werden, skeptisch bleiben und machen es schwer, sich auf den anderen einzulassen. So wird es immer schwieriger, sich zu öffnen. Egal wie stark es ist, irgendwo bleibt ein leiser Zweifel.

WIE GUT TUT ES,
SICH ÜBER DIE SCHÖNHEIT DER LILIEN ZU FREUEN
UND ALLEN ERFAHRUNGEN ZUM TROTZ ZU GLAUBEN
AN DIE GROẞE LIEBE, AN DIE EWIGE FREUNDSCHAFT,
AN MENSCHEN, DIE REIN UND SELBSTLOS ZU EINEM SIND,
AN WEGGEFÄHRTEN, DENEN ICH HUNDERTPROZENTIG
VERTRAUEN KANN.

Die Lilie will unser Herz öffnen und Mut machen so wie der Anblick eines jungen Brautpaares, das sich total verliebt küsst. Wer weiß, vielleicht ist es der Anfang einer ganz großen Lovestory.

WAS WÄREN WIR OHNE DIE Liebe?
ICH GLAUBE GANZ FEST
AN IHRE Kraft.

Efeu

Augen auf für Herzlichkeit

Wäre es nicht wie im Märchen, in einem Haus zu wohnen, das rundherum von Efeu umrankt ist? Bis jetzt ist es an unserem Haus nur eine Wand, die von Efeu bedeckt ist. Es beruhigt mich, das Efeu zu betrachten. Ich nehme mir deshalb immer wieder Zeit dafür. Seit einiger Zeit übe ich mich in einer Such-Meditation: Wo versteckt sich die perfekte Herzform? Wie viele verschiedene Herzen kann ich in den Blättern entdecken? Dieser „Trainingsort" hilft mir für den Alltag: Auch wenn es mal auf den ersten Blick nicht so scheint, kann ich in vielen Menschen Herzlichkeit entdecken.

MANCHMAL MUSS ICH AUFMERKSAMER SEIN UND GENAUER HINSCHAUEN, UM DEN WEICHEN KERN UNTER DER HARTEN SCHALE ZU SEHEN.

Warum vergesse ich so oft, selbst Herzlichkeit zu verbreiten? Das muss gar nicht aufgesetzt oder grell sein, sondern darf auch einfach ganz dezent daherkommen – so wie das Efeu.

WILDBLUMENWIESE

KREATIVES CHAOS

Wildblumenwiesen bieten ideale Bedingungen für Insekten und Tiere. Sie leisten einen wichtigen Beitrag für die Artenvielfalt. Der Effekt auf die Biodiversität ist unbestritten. Inzwischen wollen auch immer mehr Menschen mitmachen. Sie lassen ihre Wiesen und Gärten wild wachsen. Es wird nicht mehr regelmäßig gemäht und gestutzt, die Natur darf das Kommando übernehmen. Nirgendwo brummt, summt und raschelt es so vergnügt wie in einer Wildwiese. Nirgendwo ein so knallbuntes Farbenspiel, als wären kleine Kinder am Werk gewesen. Doch Wildwiesen sehen schnell nach Chaos aus. Ordnungsfanatiker werden nervös: Was denken wohl die Nachbarn? Stempeln sie einen als faulen Zeitgenossen ab, der sich nicht um den Garten kümmert? Der komplett mit seiner Wiese überfordert

ist? Aber mal ehrlich, wie lebendig wirken akkurat gestutzte Rasenflächen? Das erinnert an Normen, an Gleichheit, an Kalkulation, an Strenge.

WILDBLUMENWIESEN ZEIGEN HINGEGEN, WIE LEBENDIG UND BELEBEND CHAOS SEIN KANN. SIE SIND DER BESTE BEWEIS: EIN DURCHEINANDER, DAS AUF DEN ERSTEN BLICK CHAOTISCH UND UNGEORDNET WIRKT, KANN DOCH EIN GROSSES, FUNKTIONIERENDES GANZES SEIN.

Fast jeder hat das schon mal bei einer Ideensuche für ein Projekt erlebt. Wer ganz unterschiedliche Ideen miteinander in Verbindung bringt, erhält neue Perspektiven. Ganz neue Wege tun sich auf. Wer sich darauf einlässt, verschiedene Persönlichkeiten, verschiedene Ideen und Geschmäcker zu kombinieren, wird belohnt mit Vielfalt.

Liebe IST DIE SCHÖNSTE BLUME
IN GOTTES GARTEN.
UNBEKANNT

Urlaubsvertretung

Vertrauen schenken

Soll ich wie andere Gärtnerinnen und Gärtner irgendwelche Hightech-Bewässerungssysteme installieren, um unbesorgt in den Urlaub fahren zu können? Mich graust die Vorstellung, dass das Leben meiner Pflanzen von Apps und Tropfschläuchen abhängt. Es gab Jahre, da bin ich deshalb im Sommer zu Hause geblieben oder habe nur einen Kurzurlaub verbracht – und dann wieder schnell ab nach Hause zum Gießen. Doch dieses Jahr hat mir meine Nachbarin angeboten, sich um meinen Garten zu kümmern. Ich konnte nicht sofort zusagen. Mir gehen viele Fragen durch den Kopf: Kann ich mich auf sie verlassen? Was, wenn sie ihre Aufgabe vergisst? Wenn sie zu viel gießt oder zu wenig? Ihr Garten ist mit meinem kaum zu vergleichen.

ES BRAUCHT MANCHMAL MUT, JEMANDEM VERTRAUEN ZU SCHENKEN.

Aber ich kann meine Bedenken auch umdrehen und sie in Zuversicht verwandeln: Manchmal sorgt der Außenblick für ganz neue Inputs. So wie in einer Firma, in der eine neue Mitarbeiterin neuen Schwung und neue Ideen ins Team bringt – oder bemerkt, wenn festgefahrene Abläufe überdacht werden müssten. Vielleicht tut ja meine Nachbarin meinem Garten richtig gut – und er kann sich in meiner Abwesenheit anders entfalten. Vielleicht nimmt sie Pflanzen in den Fokus, die bei mir eher am Rande stehen. Ich werde ihr für zwei Wochen mein Paradies überlassen.

EINE PFLANZE IST LEBENDIG –
ES IST WIE EIN

Geschenk des Lebens.

Trompetenbaum

DER BAUM DER FREUNDSCHAFT

Meine Chorfreunde meinen es gut mit mir: An meinem Geburtstag wartet vor meiner Tür ein kleiner Trompetenbaum. So etwas hat mir gerade noch gefehlt! Dieser Baum stand nicht ganz vorne auf meiner persönlichen Hitliste der Lieblingspflanzen. Und wo soll ich ihn einpflanzen? Aber dann fällt mir ein: Das ging mir vor zwei, drei Jahren bei dem geschenkten Hibiskus meiner Nachbarin genauso. Und jetzt ist ein wunderschöner Baum daraus geworden, ohne den in meinem Garten etwas fehlen würde.

IST ES NICHT EINES DER SCHÖNSTEN GESCHENKE, DIE MAN MACHEN KANN?

Ein Bäumchen ist kein Staubfänger, es ist nicht nach ein paar Tagen verblüht, ich kann mich einen ganzen Sommer daran freuen und im nächsten Jahr von Neuem ... Die Pflanzen werden größer, so wie unsere Freundschaft wächst, so wie unser Zusammenhalt immer stärker wird. Drei Stunden später hat das Bäumchen seinen Platz gefunden. Ich mache ein Foto und schicke es meinen Freunden.

THYMIAN

MEINE ABWEHRKRÄFTE STÄRKEN

In meinem Beet unter dem Küchenfenster ziehe ich verschiedene Kräuter: Salbei, Rosmarin, Minze und Thymian. Sie verfeinern viele Gerichte, die ich koche. Aber sie sind auch zuverlässige und vor allem natürliche Krankheitsabwehrer. Solche Unterstützung wünsche ich mir auch für andere Lebensbereiche: gegen die schlechten Nachrichten, mit denen ich konfrontiert werde, gegen Menschen, die zu viel negative Energie verbreiten, gegen meine Selbstzweifel, die immer wieder mal an mir nagen. Gäbe es doch auch passende Kräuter dagegen! Und dann fällt mir ein, dass sie auch in mir ganz natürlich eingepflanzt sind:

WARUM SETZE ICH NICHT MEHR AUF MEINEN GLAUBEN, AUF MEIN SELBSTVERTRAUEN, AUF MEINEN OPTIMISMUS? DAS KÖNNTEN DIE BESTEN ABWEHRKRÄFTE GEGEN BÖSES SEIN.

In mir steckt so viel Potenzial, ich müsste mich einfach mehr darum kümmern – so wie um die Kräuter unter dem Küchenfenster. Ich schneide mir als Motivation einen Zweig Thymian ab und stelle ihn in ein Glas. Dieses steht jetzt bei mir auf dem Sideboard im Flur und erinnert mich täglich daran, wie viel in mir steckt und dass ich weiter trainieren will, darauf zu vertrauen.

LAVENDEL

DIE SCHÖNSTEN FARBEN

Gibt es etwas Fieseres als sommerliche Liebesfilme aus Frankreich? In endlos langen Einstellungen werden Lavendelfelder gezeigt. Sofort ist die Urlaubssehnsucht geweckt und man würde fast alles dafür geben, jetzt dort vor Ort und mitten in diesen Feldern zu sein. So etwas prägt sich ein. Jedes Mal, wenn ich auf der Terrasse meinen Lavendel gieße, freue mich über die lilafarbenen Blüten. Doch im Hinterkopf habe ich diese gigantische Farbenpracht aus dem Fernseher, diese endlose Weite. „Das kenne ich", sagt meine Nachbarin und erzählt, wie sie jedes Mal begeistert nach den Gartenkatalogen greift, die in den Sommermonaten besonders oft im Briefkasten landen: „Wunderschöne Bilder von Traumgärten, die Blüten sehen so was von ausdrucksstark aus, satte Farben. Nur etwas macht mich stutzig: Hat jemand diese Gärten schon mal in echt gesehen?" Wir müssen beide grinsen. Wahrscheinlich läuft das genauso wie in der Beautybranche: Schöne, aber halt doch nicht so spektakuläre Bilder werden am PC bearbeitet, aufgehübscht, Farben werden manipuliert, bis alles perfekt aussieht. Jetzt machen wir regelmäßig Fotos von unseren Pflanzen und zeigen sie uns: Sieht doch alles wunderschön aus, da muss nichts retuschiert oder auf Hochglanz getrimmt werden. Und was uns auch bewusst wird:

SO VIELE VERSCHIEDENE FARBTÖNE!

Kein Drucker der Welt könnte sie wiedergeben, kein Bildschirm der Welt könnte diese Vielfalt so perfekt sichtbar machen. Wenn ich jetzt wieder mal Lavendelfelder im Fernsehen sehe, freue ich mich auf den nächsten Morgen und die unzähligen Farben und Düfte in meinem Garten.

Jedes Werden IN DER NATUR,
IM MENSCHEN, IN DER LIEBE
MUSS ABWARTEN, GEDULDIG SEIN,
BIS SEINE Zeit zum Blühen
GEKOMMEN IST.
DIETRICH BONHOEFFER

Gott als Gärtner

Liebe für die zaghaften Pflänzchen

Ich stelle mir Gott als Gärtner vor. Was für eine Gärtnerin, ein Gärtner wäre sie/er? Einer, der voller Liebe und Zuwendung durch den Garten spaziert, ganz vorsichtig, um ja kein Pflänzchen zu zertreten. Und doch ist sein Garten kein Museum, sondern ein Ort des Lebens und der Begegnung. Immer wieder bleibt Gott staunend stehen. Er passt auf den Garten auf und bekommt sofort mit, wenn eine Pflanze Wasser benötigt oder von einem Schädling bedroht wird. Er investiert selbst in die kleinste und unscheinbarste Pflanze ganz viel Liebe und Aufmerksamkeit – ohne zu wissen, was daraus wird oder ob überhaupt etwas daraus wird.

ER NIMMT IN KAUF,
DASS SEIN EINSATZ AUCH MAL VERGEBENS IST.
DIE ZAGHAFTEN PFLANZEN ERHALTEN BESONDERS VIEL
ZUWENDUNG. ER MACHT IHNEN MUT.

„Sie fahren in den Urlaub?", fragt Gott die Nachbarn. „Ich passe inzwischen auf Ihren Garten auf. Sie können ihn mir anvertrauen." Aber am Sonntag legt er sich in den Liegestuhl, um entspannt den Garten zu genießen. Immer nur Arbeit, immer nur Werkeln tut nicht gut – es muss unbedingt Zeit sein, zu entspannen, sich über den wunderbaren Garten zu freuen und stolz auf das zu sein, was man erreicht hat.

Margeriten

Glücksbringer

Margeriten wissen sich bemerkbar zu machen. Sie stechen sofort ins Auge. Gleichzeitig sind sie eine Erinnerung an das, was wir oft übersehen: Sie machen glücklich und bringen das Glück in den Garten. Einverstanden, nicht jeder kann mit „Glücksbringern" etwas anfangen. Manche tun das als zu esoterisch, zu magisch ab. Doch Margeriten verweisen nicht nur auf das künftige Glück. Ich kann sie auch als Lupe für das gegenwärtige verwenden – eine Lupe, die mich motiviert, dem Glück neu auf die Spur zu kommen. Der verpasste Bus, der Lärm der Nachbarn, die Hose, die wieder zu eng ist – die kleinen Übel des Alltags sind wie Magnete. Sie ziehen ständig die Gedanken an. Man kann sich kaum gegen sie wehren. Margeriten wollen uns aus diesem Gedankenkarussell befreien:

**TRAINIERE DIR EINE POSITIVE SICHTWEISE AN.
WAS MACHT DICH GLÜCKLICH?**

Für welches Glück bist du im Leben dankbar? Wer die Augen aufmacht, entdeckt viele „Margeriten" im Alltag – und plötzlich kreisen die Gedanken wie magnetisch um Beglückendes.

Selbstaussaat

Lass dich überraschen!

Seit wir unseren Rasenmäher kaum mehr aus dem Schuppen holen, ist auf unserem Rasen ein kleines Wunder passiert: Da blühen Blumen in allen Farben und Formen. „Wie heißen die? Wo hast du die gekauft?", fragt mich meine Nachbarin. Ich zucke mit den Schultern – die Blumen haben ihren Weg von allein in den Garten gefunden. Der Wind hat Samen und Blüten auf den Rasen geweht, manche haben sich in der Erde eingenistet und scheinen sich an ihrem neuen Standort ganz wohlzufühlen. Und ich male mir beim Gärtnern aus: Woher kommen sie? Aus welchen Gärten hat es sie zu mir verschlagen?

WAS DOCH SCHÖNES ENTSTEHEN KANN, WENN MAN OFFEN IST UND SICH NICHT WEHRT GEGEN DAS, WAS EINEM ZUFLIEGT! DAFÜR BRAUCHT ES DIE GABE, SICH BESCHENKEN UND ÜBERRASCHEN LASSEN ZU KÖNNEN.

Manchmal weiß ich nicht sofort, ob ich mit etwas, das mir zufliegt, etwas anfangen kann. Aber warum nicht einfach mal abwarten, was sich daraus entwickelt? Wenn mir eine Blume gar nicht gefällt, kann ich sie ja immer noch herausreißen.

WELCHEN WEG
HABEN SIE HINTER SICH
UND WELCHE Geschichten
ERZÄHLEN SIE MIR?

Sonnenblumen

DER KLUB DER OPTIMISTEN

Müsste man ein Logo für den Sommer finden, hätte die Sonnenblume die besten Chancen. Wer sie betrachtet, sieht die Sonne vor sich und kann beinahe ihre Wärme auf der Haut spüren. In der „Flower-Power"-Zeit verwendeten die Hippies die Sonnenblume als Erkennungszeichen. Die Hippies sahen sich als „Blumenkinder". Sie rebellierten gegen Engstirnigkeit und Trübsal, sie wollten sich konsequent einem Leben voller Optimismus verschreiben. Sie kleideten sich bunt. Sich mit vielen Farben zu umgeben, sorgt für Energie. Natürlich gab es auch bei den Hippies eine Kehrseite der Medaille. Egal ob ich mich zu dieser Befreiungsbewegung zugehörig fühle oder ihren laschen Umgang mit Drogen und freier Liebe kritisch sehe, die Sonnenblume ist ein Symbol für Lebensfreude und Optimismus. Bevor alle Sonnenblumen in meinem Garten verblühen, pflücke ich zwei oder drei von ihnen und schenke sie jemandem, der gerade eine Portion Optimismus gebrauchen kann.

DIE SONNENBLUMEN IN MEINEM GARTEN ZEIGEN ABER AUCH NOCH ETWAS ANDERES: GUTE LAUNE UND OPTIMISMUS SIND ETWAS NATÜRLICHES.

Wenn sie schon in so vielen Gärten zu finden sind, warum nicht auch in unserer Gesellschaft? Wir sollten dringend wieder zu dieser natürlichen, ursprünglichen Lebenseinstellung zurückfinden.

GOTT IST DIE *Freude.*
DESHALB HAT ER DIE SONNE
VOR SEIN HAUS GESTELLT.

FRANZ VON ASSISI

NACHTKERZEN

DIE NACHT ZUM TAG MACHEN

Wenn ich im Radio mit Helene Fischers „Atemlos durch die Nacht" konfrontiert werde, huscht ein Lächeln über mein Gesicht: Die Nächte durchmachen – was ist das lange her! In meinem Alter würde ich so etwas wohl kaum mehr schaffen oder am nächsten Tag bitter bereuen. Selbst an heißen Sommerabenden bin ich spätestens um Mitternacht zurück in der Wohnung und gehe schlafen.

Diesen Frühling habe ich Nachtkerzen ausgesät. Öffnen sie tatsächlich erst in der Dunkelheit ihre Blüten? Ich wollte mich mit eigenen Augen überzeugen. Seither gehe ich öfters nachts raus in den Garten: Es ist eine neue Welt, die sich mir eröffnet. Ich höre unbekannte Geräusche. Ein Kauz? Ein Uhu? Wem gehört die Katze, die durchs Gebüsch huscht? Ich habe sie noch nie gesehen. Und wer schaut da aus der Hecke? – Ein Igel. Ich beobachte die Schatten, die der Mond auf die Wiese wirft. Ich sitze draußen und lausche und schaue ganz aufmerksam. Meine Sinne werden neu geschärft. Bevor ich wieder reingehe, betrachte ich den Himmel über mir. Das ist inzwischen zum festen Abendritual geworden. Es hilft mir, zur Ruhe zu kommen.

DIE NACHTKERZE WARTET BIS ZUM ABEND, BIS SIE IHRE BLÜTEN ZEIGT. ES IST EINE EINLADUNG, DIE SCHÖNHEIT DER NACHT ZU ENTDECKEN.

WAS HABE ICH SCHON LANGE NICHT MEHR IN DER *Nacht* GEMACHT?

WAS WOLLTE ICH SCHON IMMER MAL NACHTS UNTERNEHMEN?

ECHINACEA

VERBLÜHTES ABSCHNEIDEN

Selbst Garten-Neulinge lernen sehr schnell: Verblühte Blüten bitte abschneiden! Damit erhöhe ich die Chancen, dass die Pflanze in dieser Saison nochmals Blüten treibt. Einfacher gesagt als getan. Natürlich sehen die Echinacea jetzt nicht mehr so beeindruckend aus wie vor ein paar Wochen, als die Blüten noch ihre volle Farbenpracht besaßen. Doch abschneiden? Die verblühten Blüten tragen noch die Erinnerung in sich. Sie abzuschneiden, wirkt so endgültig. Sehen die igelartigen Blütenstände nicht auch so noch irgendwie schön aus?

Genauso schwer fällt mir das oft im Alltag: Ballast abzuwerfen, das braucht manchmal Überwindung. Eine zerbrochene Freundschaft, die sich auch nach mehreren Versuchen nicht kitten lässt? Die alten Zeitschriften, die schon seit Monaten rumliegen und die ich wahrscheinlich eh nie lesen werde? Und so viele Pläne im Kopf, die ich immer wieder von mir herschiebe: Entweder setze ich sie endlich in die Tat um oder streiche sie endgültig aus dem Kopf. Dabei weiß ich auch:

WENN ICH PLATZ MACHE,
ENTSTEHT RAUM FÜR ETWAS NEUES – UND OFT
KOMMT DANN DAS NEUE WIE VON SELBST.

Ich suche nach verblühten Blüten und mache mir beim Abschneiden bewusst: Geht doch, ist gar nicht so schwer. Nicht zurück, sondern nach vorn schauen und offen sein für Neues. Ich freue mich darauf, dass etwas Neues entsteht.

APFELBAUM

EINFACH GENIEßEN

Wenn im Herbst die Äpfel verführerisch in ihrem schönsten Rot leuchten, dann kann man sich plötzlich ein bisschen mit Adam und Eva identifizieren: Manchen Versuchungen kann man einfach nicht widerstehen. Der Apfel als Symbol für den Sündenfall hatte viele Jahrhunderte ein schlechtes Image. Heute interpretieren Theologinnen und Theologen diese biblische Geschichte differenzierter. Und was lange Zeit vergessen ging: Die Bibel spricht gar nicht von einem Apfel, sondern von einer Feige. Auf frühchristlichen Darstellungen ist auch immer eine Feige abgebildet. Zum Glück sind die Zeiten, in denen die Kirche den Menschen den Genuss als Sünde predigte, vorbei. Dafür ist heute vielen an-

gesichts des Klimawandels bewusst, dass Völlerei, Überkonsum und Gier nicht nur einen selbst unglücklich machen, sondern sich auch verheerend auf die Schöpfung auswirken. Gleichzeitig werden von Lifestyle-Influencerinnen und -Influencern Askese und Selbstgenügsamkeit als Trend der Stunde verkauft, manchmal propagieren sie das sogar in einer ziemlich heftigen Radikalität. Wo bleiben da noch die Lebensfreude und der Genuss?

WENN ICH IM HERBST EINEN REIFEN APFEL ENTDECKE,
BEIẞE ICH GLEICH GENUSSVOLL HINEIN.
WAS FÜR EIN GESCHMACKSEXPLOSION!

Ich kaue aufmerksam und genieße die reife Frucht Bissen für Bissen. Wie bei so vielem kommt es auf die Dosis an: Ich wähle die Mitte zwischen Völlerei und Askese.

STECHPALMEN

FESTLICHE MOMENTE

Wenn ich die Stechpalme betrachte, wird mir immer gleich etwas festlich zumute. Mit ihren glänzenden, immergrünen Blättern hebt sich die Stechpalme ab von den anderen Gewächsen hinter dem Haus. Als Weihnachtspflanze begegnet man ihr im Dezember überall. In meinem Garten stimmt sie mich selbst am heißesten Sommertag weihnachtlich, mag Heiligabend mit seiner romantischen Stimmung und der berührenden Botschaft der Geburt Jesu, der Nächstenliebe und des Lichts, das die Dunkelheit durchbricht, auch Monate fern sein. Was habe ich mir am letzten Weihnachtsfest vorgenommen? Ich wollte diese Festlichkeit mit in den Alltag hineinnehmen. Weihnachten ist nicht nur im Dezember.

WARUM GENIESSE ICH NICHT MEHR FESTLICHE MOMENTE UNTERM JAHR? GEMEINSAM ZU FEIERN, BESCHWINGT UND SCHWEISST ZUSAMMEN.

Das muss sich nicht auf Weihnachten oder den Geburtstag beschränken, Gelegenheiten zum Feiern oder um ein Fest zu organisieren, gibt es viele.

WARUM LADE ICH NICHT
EIN PAAR FREUNDE EIN

– *einfach* SO,

UM GEMEINSAM
AN EINER FESTLICHEN TAFEL
ZU FEIERN UND DIE ZEIT
MITEINANDER GENIEẞEN?

WAHRE FREUNDE
SIND DIE Blumen
IM GARTEN DES LEBENS.
UNBEKANNT

Schilfgras

Sich zusammentun

Selbst wenn nur ein sanfter Wind durch mein Schilfgras fährt, wirken die Halme so zerbrechlich. Sie sehen aus, als würden sie die Köpfe hängen lassen. Ich fühle mich manchmal wie sie: in den Nachrichten immer nur Katastrophenmeldungen, beängstigende und traurig stimmende Zukunftsprognosen an jeder Ecke. Was soll ich als Einzelner schon tun gegen die Klimaerwärmung? Gegen die Diktatoren, die ihr Volk und die halbe Welt in Angst und Schrecken versetzen? Da könnte man einfach den Kopf hängen lassen – oder sogar in den Sand stecken. Aber dann gibt es Momente, da beobachte ich das Schilfgras wieder mit ganz anderen Augen: Es ist kein einzelner Halm, es sind viele. Fast scheint es so, als würden sie sich trösten, sich gegenseitig Mut machen. Es mag zwar so wirken, als würden sie die Köpfe hängen lassen, aber letztlich trotzen sie selbst den stärksten Winden ziemlich gut.

VIELLEICHT IST DAS EIN REZEPT FÜR MEINE SORGEN? MICH MIT ANDEREN ZUSAMMENTUN, ÜBER DAS, WAS BELASTET, SPRECHEN UND DANN ÜBERLEGEN, OB MAN NICHT VIELLEICHT DOCH GEMEINSAM ETWAS GEGEN DIE OHNMACHT UNTERNEHMEN KANN?

Dahlien

Der schönste Garten

Seit einigen Jahren breitet sich eine seltsame Tradition unaufhaltsam aus: Immer mehr Medien und Städte küren mit viel Getöse den „schönsten Garten" der Stadt, des Bundeslandes, der Nation. Menschen reichen Fotos ein von Gärten, die ihnen gefallen – oder Hobbygärtner, die von ihren Gärten absolut überzeugt sind, bewerben sich gleich selbst. Eine Jury oder das Publikum per Online-Voting sichtet alle Einsendungen und entscheidet, welcher Garten der schönste ist. Am Ende ist die Sieger-Gärtnerin, der Sieger-Gärtner in der Zeitung oder im Fernsehen zu sehen – herzlichen Glückwunsch für die schönsten Dahlien weit und breit! Die Verlierer bekommen bald schon eine neue Chance. Denn natürlich ist es eine Auszeichnung mit Ablaufdatum – im nächsten Jahr beginnt alles von vorn. Gärtnern ist offensichtlich inzwischen so etwas wie ein Leistungssport.

Neidisch schaut man über den Zaun: Warum sind die Rosen der Nachbarin viel größer? Welchen Spezialdünger hat sie verwendet?

EIN WETTBEWERB FÜR DEN SCHÖNSTEN GARTEN – IST DAS NICHT EIN DING DER UNMÖGLICHKEIT? WAS SCHÖN IST, LIEGT IM AUGE DES BETRACHTERS.

Im Gegensatz zu sportlichen oder musikalischen Leistungen lassen sich Gärten nicht miteinander vergleichen. Jeder steht für sich und ist einfach wundervoll. Es ist unnötig, sie zu vergleichen – genauso wie in anderen Lebensbereichen. Wenn ich durch meine Blumenpracht spaziere, freue ich mich, dass er perfekt ist, so wie er ist. Er hat nicht weniger Farbe, nicht weniger Vielfalt als der Garten eines Nachbarn. Und: Wenn meiner der schönste ist, dann müsste ich beschreiben können, was ich an ihm so schätze. Welche fünf Beispiele fallen mir ein? Höchste Zeit, die schönsten Seiten meines grünen Paradieses kennenzulernen.

WARUM HABEN VIELE MÜHE, SICH EINFACH SO ZU GEBEN, WIE SIE SIND?

HECKEN

VERSTECKSPIEL

Beim Spaziergang durch das Dorf fällt mir heute wieder mal auf, wie viele Grundstücke von Hecken umgeben sind. Oft sind sie zwei Meter hoch. Selbst wenn ich mich auf die Zehen stelle – keine Chance, einen Einblick zu bekommen. Dienen sie als Sichtschutz oder Abwehr von unwillkommenen Eindringlingen? Vielleicht sind sie einfach ein Zeichen der Angst und der Scham: „Ich will nicht beobachtet werden. Es soll mich ja niemand sehen, wenn ich ungekämmt, verschwitzt und im Badeanzug im Garten werkle und schon gar nicht, wenn ich im Liegestuhl entspanne. Ohne Hecken wäre ich gezwungen, den ganzen Tag den Bauch einzuziehen."

WARUM FÄLLT OFFENHEIT SO SCHWER? WAS HABEN WIR ZU VERBERGEN?

Ich wünsche mir wenigstens ein, zwei kleine Gucklöcher, damit ich durch die Hecken blicken kann. Vielleicht sehe ich dort etwas Unvorteilhaftes, etwas Unperfektes, eine Terrasse, die schon längst wieder geschrubbt werden müsste, einen käseweißen Bierbauch. Vielleicht würde es mir zeigen: Wir alle sind nicht perfekt. Aber ist das so dramatisch, dass wir es gleich hinter Hecken verstecken müssen?

WALNÜSSE

REICH BESCHENKT

Gleich mehrere Säcke Walnüsse konnte ich in diesem Herbst sammeln. Und das alles nur von einem Baum!

GOTTES SCHÖPFUNG BESCHENKT UNS REICH.
WENN WIR MIT DEN GABEN GUT HAUSHALTEN,
REICHEN SIE FAST BIS ZUR NÄCHSTEN ERNTE.

Doch da ich nie so viele Nüsse benötige, wie dieser üppige Baum hervorbringt, verschenke ich einige. Sie sind ein tolles Mitbringsel für die Adventszeit. Und mit einigen Nüssen schmücke ich meine Wohnung. Irgendwie bringt das viel mehr Wärme ins Haus als irgendwelche Plastik- und Metall-Adventsdekorationen aus dem Geschäft. Wenn ich zwischendurch eine Nuss in die Hände nehme und mit dem Finger über die verschiedenen Kerben fahre, denke ich mir, dass da unter ihrer Schale die Wärme des Sommers konserviert ist. Jede einzelne Sonnenstunde ist hier gespeichert. Wenn ich jemandem ein Säckchen Walnüsse schenke, dann gebe ich etwas von dieser Wärme weiter.

WIE SCHÖN DIE BLÄTTER
ÄLTER WERDEN.
Voller Licht und Farbe
SIND IHRE LETZTEN TAGE.
JOHN BURROUGHS

ES ZÄHLT DER MOMENT

Auch wenn es um die Mittagszeit noch richtig warm wird, lässt es sich nicht von der Hand weisen: Die Tage werden kürzer. Ohne Pullover hält man es draußen nur noch kurz aus. Es geht auf den Winter zu. Schon wieder ist alles vorbei. Wo sind sie hin, die schönen, lange Tage? Morgens schon um sechs Uhr von den Sonnenstrahlen geweckt zu werden, ohne Jacke aus dem Haus zu gehen, draußen zu sitzen bis Mitternacht ... ein ganzer Sommer ... und doch kommt er mir vor wie ein Augenblick. Dabei hatte ich mir diesen Frühling vorgenommen, alles ganz aufmerksam aufzunehmen, jeden Tag bewusst zu leben. Die Kletterranken an der Hauswand gegenüber sind meterweit hinaufgewachsen. Fast haben sie den Dachgiebel erreicht. Doch jetzt: Stillstand, Ende, aus. Überall fallen die Blätter, entblößen die nackten Äste, Melancholie kommt auf.

Irgendwie scheint es, als würde es in meinem Garten in allen Ecken rufen: Sinnlos! Über den Sommer sind die Blumen und Sträucher so groß geworden – und jetzt ist ihre Existenz in Gefahr. Wären Pflanzen Menschen, würden sie dann im Frühling überhaupt mit dem Wachstum beginnen? Was bringt es schon, für ein paar Monate so viel Kraft und Energie zu investieren – und dann ist wieder Schluss? Wir wollen langfristiges und stetiges Wachstum. Aber ist nicht dieser immerwährende Kreislauf der Natur das bessere Modell? Vielleicht halten uns die Gärten im Herbst den Spiegel vor:

ALLES IST ENDLICH. ZEIT IST KOSTBAR.
WIR SOLLTEN NICHT IMMER ZU SEHR MIT DEM ÜBERMORGEN
BESCHÄFTIGT SEIN, DAS LEBEN IST JETZT.

Auch wenn der Wachstumsprozess jetzt unterbrochen wird, wir sind eingebettet in diesen Kreislauf. Im Frühling beginnt alles wieder von vorn.

PFLAUMEN

SEI, WIE DU BIST

Ich lasse meine Pflaumen liegen, bis sie weich werden. Ich mag es, hineinzubeißen und zu spüren, wie das Fruchtfleisch in meinem Mund fast von allein zergeht. Ich kann nicht verstehen, warum so viele zugreifen, wenn die Pflaumen noch hart sind. Sind sie so ungeduldig? Vielleicht identifizieren sie sich auch mit den harten Pflaumen. Es sind Menschen, die sich auch sonst hart geben: Mich kann nichts zum Stolpern bringen, ich bin immer Herr der Dinge, mir kann keiner etwas anhaben. Alles perlt an ihnen ab. Als ob sie aus Teflon wären.

WARUM IST ES SO VERPÖNT,
WEICH UND VERLETZBAR ZU SEIN?
WARUM HABEN VIELE MÜHE,
ZU IHREN EMOTIONEN ZU STEHEN,
IHRE ÄNGSTE ZU KOMMUNIZIEREN?

Überreife Pflaumen zeigen deutlich, wie lustvoll und süß das Leben auch sein kann.

TULPEN

AUF DIE HOFFNUNG SETZEN

Mitten an einem nebligen Novembertag Tulpenzwiebeln einpflanzen – was ist das eigentlich für eine absurde Handlung? Für mich ist es ein Akt des Trotzes und das Beste, was man in dieser trüben Zeit machen kann. Es mag jetzt kälter und dunkler werden, es mag bald schneien ... aber da drinnen in der Erde wartet schon der Frühling. Dieser Hoffnung kann keiner etwas anhaben. Hätte ich die Zwiebel nicht selbst gesetzt, würde ich nicht wissen, was in der Erde ist. Ein bisschen macht mir das Mut für alle Lebensbereiche. Oft ist weit und breit kein Zeichen der Hoffnung zu sehen, aber vielleicht ist es wie mit dieser Tulpenzwiebel:

DIE HOFFNUNG IST SCHON LÄNGST EINGESETZT UND BEREITET SICH AUF MICH VOR. ICH BRAUCHE NUR NOCH EIN BISSCHEN GEDULD.

Egal wie kalt und garstig es gerade ist, nichts kann mich hindern, auf wärmere Tage zu hoffen. Was spricht dagegen, auf meiner geistigen To-do-Liste schon eifrig Pläne zu notieren für die wärmere Jahreszeit?

WARUM SOLL NICHT AUCH ANDERSWO
PLÖTZLICH DIE HOFFNUNG HERVORBRECHEN
WIE DIE TULPE,
DIE ALS FRÜHLINGSBOTIN
AUF EINMAL AUS DER ERDE
HERVORSCHAUT?

WICHTIG IST,
WAS IN MIR STECKT –
UND DAS SIND
Lebensfreude UND Leidenschaft PUR.

QUITTEN

MICH LIEBEVOLL BETRACHTEN

Als Teilnehmerin bei einem Schönheitswettbewerb hätten sie es wohl schwer: Quitten wirken meistens etwas plump und unelegant. Natürlich weiß jeder Hobbygärtner, wie köstlich sie schmecken. Sie sind eine Delikatesse. Da können sich viele andere Gemüse- und Obst-Schönlinge warm anziehen! Deshalb würde auch kaum einer auf die Idee kommen, mit dem Finger auf sie zu zeigen. Beim Kochen werden die Früchte eh geschnippelt, da spielt das Aussehen keine Rolle. Während ich in der Küche die Quitten wasche, nehme ich mir vor: Wenn ich morgen nach dem Duschen vor dem Spiegel stehe, werde ich mich auch so liebevoll betrachten. Da mag ein Pickel aufgetaucht sein, eine neue Delle, eine Falte … was können sie mir schon anhaben? Was bringt es, auszusehen wie die nächste Teilnehmerin von „Germany's Next Topmodel", wenn ich keine Ecken, keine Kanten habe und ohne Esprit bin?

DIE QUITTEN
KÜMMERN SICH UM KEINE SCHÖNHEITSIDEALE.
WARUM NEHME ICH MIR DAS NICHT ZUM VORBILD?

DIE BLUMEN DES FRÜHLINGS
SIND DIE Träume DES WINTERS.

KHALIL GIBRAN

STRÄUCHER

DIE TREUEN UNSCHEINBAREN

Viele Blumen buhlen in meiner Oase um die Aufmerksamkeit: Tulpen, Margeriten, Rosen … Sie ziehen die Blicke auf sich, sie betören mit ihren Düften, sie beeindrucken mit ihrer Größe. Dass es daneben auch viele andere Pflanzen gibt, geht manchmal fast unter. Im Farbenmeer des Sommers werden sie für selbstverständlich und alltäglich genommen.

DOCH HABEN GERADE NICHT AUCH JENE IHRE QUALITÄT, DIE SICH NICHT AUFDRÄNGEN, DIE NICHT STÄNDIG UM AUFMERKSAMKEIT BUHLEN? DIE EINFACH DA SIND. IN JEDER JAHRESZEIT.

Denn gerade diese vielleicht auf den ersten Blick Unscheinbaren sind immer bei mir. Sie sind die Tapfersten. Sie machen sich nicht aus dem Staub, wenn es kälter wird. Sie sind auch bei mir, wenn meine Laune im Keller ist, ich keine angenehme Gesellschaft bin oder Probleme wälze. Sie laden mich vielleicht nicht ständig zu verrückten Abenteuern ein. Dafür haben sie ein großes Ohr. Ich weiß, dass ihr Versprechen gilt. Sie bringen mich durch den Winter. Wer immer bei mir ist und auf wen ich wirklich zählen kann, wird mir meist in kalten und trüben Zeiten bewusst. Deshalb nehme ich mir auch im Sommer Zeit für jeden Strauch und freue mich über seine Anwesenheit.

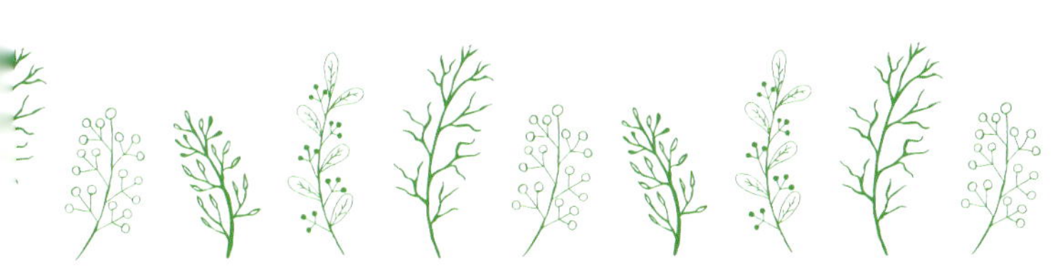

Ruhezeiten

„Ich ertrage diesen Anblick kaum", sagt meine Nachbarin. Sie setzt in den Wintermonaten kaum einen Fuß in den Garten. Der Anblick macht ihr zu schaffen: statt Farbenvielfalt nur Braun und dunkle Grüntöne. Nackte Zweige und Äste. In der Wiese noch ein paar halb verfaulte Blätter. Wenn der eiskalte Wind mir ins Gesicht bläst und es schon um vier Uhr nachmittags dämmerig wird, denke ich auch manchmal: Warum kann es nicht das ganze Jahr Sommer sein? Doch dann tröstet mich ein anderer Gedanke: Das ganze Jahr Sommer – das wäre wahrscheinlich wie täglich Schokoladenkuchen.

Zu viel des Guten, auf die Dosis kommt es an. Mein Garten braucht Ruhezeiten und auch ich brauche Ruhezeiten.

Oft weiß man erst durch Kontrasterfahrungen etwas zu schätzen. Ich versuche, nicht Trübsal zu blasen und mich auf das Vermisste zu konzentrieren, sondern diese Leere zu ertragen. Wenn ich durch winterleere Gärten oder Parklandschaften spaziere, kann ich mir das Grün des Sommers und die farbenfrohen Blüten dazudenken.

IN DEN WINTERMONATEN
MACHE ICH EINE
fastenkur für meine Sinne.
ICH SCHENKE IHNEN ERHOLUNG
UND TRAINIERE GLEICHZEITIG
MEINE FANTASIE.

Christrosen

Dem Frost die Stirn bieten

Schlechte Laune steckt an und raubt Energie. Wenn ich bei der Arbeit, zu Hause oder bei einer Zusammenkunft auf eine frostige Atmosphäre treffe, habe ich nur einen Gedanken: Nichts wie weg. Es gibt Menschen, die sehen so aus, als würden sie sich für „Miss oder Mister Schlecht-Gelaunt" bewerben wollen: die Stirn in Falten, den ganzen Tag kein Lächeln. Selbst wenn ich eine gute Nachricht erzähle oder andere Aufmunterungsversuche starte, kommt nur ein zaghaftes Nicken, oder meine gute Nachricht und damit auch meine gute Laune wird gleich mit mehreren Gegenargumenten in der Luft zerrissen.

Diese Miesepeter finden wirklich überall ein Haar in der Suppe.

WIE MOTIVIEREND IST ES DA, MITTEN IM DEZEMBER DIE CHRISTROSE ZU BEOBACHTEN: SCHNEE, KÄLTE UND FROST KÖNNEN IHR NICHTS ANHABEN. SIE PRÄSENTIERT IHRE WUNDERSCHÖNEN BLÜTEN, ALS WÄRE ES EIN HELLER, WARMER SOMMERTAG.

Sie kann damit zwar nicht die Kälte vertreiben, aber sie macht sie doch gleich ein wenig erträglicher. Wenn ich das nächste Mal mit einem Griesgram oder Nörgler zu tun habe, erinnere ich mich an sie und nehme sie mir zum Vorbild: Ich lasse mir nichts anhaben. Und vielleicht gibt es ja doch den einen oder anderen Gleichgesinnten, den ich auf gute Gedanken bringen kann – so wie die Christrose das mit mir an kalten Wintertagen macht.

MEHR VON STEPHAN SIGG ...

Gott im Alltag begegnen

Stephan Sigg
55 Orte zum Aufatmen
Pausenzeiten im Alltag

128 Seiten | gebunden
durchgängig farbig gestaltet
mit 2 Lesebändchen | 11, 8 x 16 cm

ISBN 978-3-7666-2595-3

Im Stadtpark, im Kino oder einfach nur nachts beim Blick durch das Fenster: Unser Alltag hält viele Gelegenheiten bereit, um über sich, Gott und das Leben nachzudenken, abzuschalten und neue Kraft zu tanken. Stephan Sigg stellt uns 55 solcher Pausenzeiten im Alltag vor. Ein Buch voller Entdeckungen mit konkreten Impulsen und Übungen.

Was wir von Tieren lernen können

Stephan Sigg

Gottes Geschöpfe als Kraftquelle

44 tierische Impulse

128 Seiten | gebunden
durchgängig farbig gestaltet
mit 2 Lesebändchen | 11, 8 x 16 cm

ISBN 978-3-7666-2836-7

Tiere bereichern unser Leben: Wir schätzen Hunde als treue Begleiter, bestaunen das Rad des Pfaus und den Fleiß der Ameisen, erfreuen uns am Gesang der Lerchen und an den geselligen Erdmännchen im Zoo. Wenn wir den besonderen Eigenschaften der großen und kleinen Geschöpfe mehr Aufmerksamkeit schenken, können sie für uns Inspiration sein, einmal anders auf uns selbst zu blicken. 44 tierische Begegnungen geben Kraft, neue Einsichten und wertvolle Impulse für das eigene Leben.